IQ- &
Wissenstraining
2020

für Ihre geistige
Fitness

abwechslungsreich – spannend - effektiv

Aribert Böhme

Impressum

© Aribert Böhme
Alle Rechte liegen beim Autor
Düsseldorf, im Herbst 2019
E-Mail: Psychologische_Beratung_Boehme@gmx.de
Herstellung und Verlag: Books on Demand GmbH, Norderstedt
ISBN: 9783750405172

Bibliografische Information der Deutschen Nationalbibliothek

Die Deutsche Nationalbibliothek verzeichnet diese Publikation in der Deutschen Nationalbibliografie; detaillierte bibliografische Daten sind im Internet über http://dnb.d-nb.de abrufbar.

Vorwort

Infolge der großen Resonanz der vorherigen Ausgaben in den Jahren 2016 bis 2019, gibt es hier nun einen weiteren Fortsetzungsband mit neuen und weiteren Trainingsaufgaben aus den Bereichen IQ-Tests & Wissenstraining.

- **Sie wollen** sich auf einen IQ-Test vorbereiten, wie er beispielsweise im Rahmen diverser Bewerbungsverfahren vorkommt?
- **Sie möchten** anhand verschiedener Übungsaufgaben einen Überblick hinsichtlich typischer Testaufgaben bekommen?
- **Sie wünschen** sich eine Überprüfung zeitgemäßen Faktenwissens?

Dann bietet Ihnen dieses IQ- & Wissenstrainingsbuch eine hilfreiche Unterstützung.

Anhand vielfältiger Testaufgaben aus repräsentativen Bereichen typischer IQ-Tests, wie beispielsweise Logik, Sprachverständnis, Merkfähigkeit usw., bietet Ihnen dieses IQ- & Wissenstrainingsbuch vielfältige Übungsmöglichkeiten.

Mit Blick darauf, dass es sich bei den hier vorliegenden Testaufgaben **nicht** um eine wissenschaftlich fundierte Datenbasis handelt, die anhand eines repräsentativem, statistisch-signifikanten Probandenkreises evaluiert worden ist, wird bewusst darauf verzichtet, konkrete IQ-Werte zu nennen. Vielmehr bietet Ihnen diese Testreihe die Möglichkeit, eigene intellektuelle Fähigkeiten grob zu verorten, so dass Sie eine Orientierungshilfe bekommen. Entscheidend ist hier vor allem die Option möglichst viele IQ-Testaufgaben trainieren zu können, mit dem Ziel, selbstbewusst an einem bevorstehenden IQ-Test teilnehmen zu können.

Wie immer auch Ihr Testergebnis ausfallen mag, bedenken Sie bitte, dass es sich dabei um eine Momentaufnahme handelt, die vielfältigsten Rahmenbedingungen unterliegt. Über ein gutes Ergebnis dürfen Sie sich freuen; ein weniger gutes Testergebnis bedeutet nicht, dass Ihre Qualitäten als Mensch infrage gestellt werden.

Tipps zur Durchführung des IQ- & Wissenstests

Sorgen Sie bitte dafür, dass Sie den kompletten IQ- & Wissenstest nur in einem ausgeruhten und entspannten Zustand durchführen. Stress, Sorgen, gesundheitliche Beeinträchtigungen o. ä. verfälschen ansonsten womöglich das Testergebnis.

Achten Sie bitte während der kompletten Testdurchführung darauf, dass Sie absolut ungestört sein können. Ablenkungen, wie z. B. Telefonanrufe, ins Zimmer kommende Personen, störende Geräusche, unangenehmes Raumklima usw. verfälschen ebenfalls Ihr Testergebnis.

Reservieren Sie sich ein Zeitfenster von ca. drei Stunden zur vollständigen Bearbeitung. Während dieser Zeitspanne sollten Sie absolut ungestört arbeiten können. Für die anschließende Auswertung des Tests müssten Sie weitere etwa 30 Minuten einplanen, so dass sich eine Gesamtzeit von ca. drei bis vier Stunden ergeben wird.

Falls Sie bei einer Testaufgabe merken, dass Sie nicht spontan einen möglichen Lösungsansatz finden, sollten Sie bitte keinesfalls an einer solchen Teilaufgabe verweilen, sondern stattdessen zügig mit der Bearbeitung der nächsten Teilaufgabe beginnen.

Der Faktor Zeit ist bei der Durchführung eines IQ- & Wissenstests eine wesentliche Komponente, die unbedingt beachtet werden sollte. Es ist beabsichtigt, dass Ihnen die Zeitvorgaben mitunter sehr knapp bemessen erscheinen mögen, denn eine Teilkomponente hoher Intelligenz ist u. a., komplexe Sachverhalte in kurzer Zeit lösen zu können.

Bei allen Testaufgaben, die nicht selbsterklärend sind, werden begleitende Erläuterungen zu den Lösungen angeboten, so dass Sie Ihre eigenen Lösungsansätze einfach nachvollziehen können.

Viel Erfolg und viel Freude beim Bearbeiten dieses IQ-& Wissenstests.

Der Autor:

Aribert Böhme, Freiberufler seit 1988, bietet Dienstleistungen in folgenden Bereichen:

- Psychologische Beratung (Lernpsychologie, Familienpsychologie, Lebensberatung)
- Lerncoaching (Fernlehrgänge z. B.: SGD, ILS in den Fachbereichen Psychologische Beratung, Psychotherapie für Heilpraktiker usw.)
- Implementierung von Texten für Sachbücher in den Bereichen: Lernpsychologie, Psychologie, Pädagogik, EDV, Gesellschaft, Lebensweisheiten
- Coaching für Seniorinnen & Senioren (z. B. Gedächtnistraining)

Im Rahmen seiner freiberuflichen Dozententätigkeit hat der Autor bis dato (2019) ca. 9000 TeilnehmerInnen im Fachbereich EDV bei diversen, namhaften Instituten unterrichtet.

In seiner Funktion als Psychologischer Berater (SGD-Dipl.) bietet der Autor regelmäßig Klientensitzungen vor Ort für hilfesuchende Menschen in den Bereichen: Lebensberatung, Konfliktberatung, Familienpsychologie, Schulpsychologie sowie Lernpsychologie, an.

Bis dato (2019) hat der Autor 26 Titel im thematischen Umfeld von EDV, Lernpsychologie, Pädagogik, Gesellschaftskritik, Lebensweisheiten sowie drei Romane unter Pseudonym publiziert (inkl. einiger Auslandslizenzen für Frankreich, Polen und Russland). Zudem erfolgten Veröffentlichungen in namhaften Tageszeitungen (FAZ, Süddeutsche Zeitung, Rheinische Post usw.).

Seminare und Vorträge zu den Themen Motivationscoaching, Lernpsychologie, Lerntechniken, bietet der Autor sowohl als Firmenschulungen, wie auch als Privatseminare vor Ort an. Anfragen bitte grundsätzlich per E-Mail an:

Psychologische_Beratung_Boehme@gmx.de

Im Rahmen der Implementierung des vom Autor entwickelten NEURONET 2.0 im Umfeld der Neuroinformatik, mit dessen Hilfe Prognosen für Sportwetten erstellt werden können, erfolgte in den Jahren 2001 und 2002 eine ehrenvolle Aufnahme in die Who-is-Who-Lexika, Deutschland & Europa.

Düsseldorf, im Herbst 2019

Hauptgruppen für die IQ-Testaufgaben

A)   Sprachliche Intelligenz: Welches Wort passt nicht?

B)   Sprachliche Intelligenz: Gleiche Wortbedeutung?

C)   Sprachliche Intelligenz: Buchstabensalat

D)   Sprachliche Intelligenz: Buchstabengruppen

E)   Sprachliche Intelligenz: Buchstabenreihen

F)   Logisches Denken: Analogien

G)   Logisches Denken: Schlussfolgerungen

H)   Logisches Denken: Zahlenreihen ergänzen

I)   Logisches Denken: Zahlmatrizen

J)   Logisches Denken: Wochentage

K)   Logisches Denken: Unmögliches erkennen

L)   Logisches Denken: Meinung oder Tatsache?

M)   Mathematische Fähigkeiten: Kopfrechnen

N)   Mathematische Fähigkeiten: Rechenzeichen einsetzen

O)   Beobachtungsgabe: Welches Zeichen ist anders in einer Reihe?

P)   Merkfähigkeit: Wörter einprägen

Q)   Merkfähigkeit: Begriffe merken

R)   Merkfähigkeit: Adressen merken

S)   Merkfähigkeit: Texte einprägen, anschließend Fragen beantworten

T)   Interpretation von Statistiken

U)   Oberbegriffe finden

V)   Passende Begriffe finden

W)   Schnell Wörter finden

X)   Sinnlose Silben

Y)   Merkfähigkeit

Z)   Buchstabenrätsel

A)   Sprachliche Intelligenz: Welches Wort passt nicht?

In dieser Rubrik geht es darum herauszufinden, welches der jeweils vier Wörter inhaltlich nicht zu jeweils drei anderen Wörtern passt?

Beispiel: Adler – Katze – Meise – Amsel

Hier passt der Begriff „Katze" nicht. Begründung: Alle anderen genannten Tiere können fliegen. Der Begriff „Katze" ist hier das einzige Tier, das nicht fliegen kann.

1. Düsseldorf – Köln – Nürnberg - Aachen
2. Schwimmen – Fußball – Rudern - Segeln
3. Physik – Chemie – Biologie - Mathematik
4. Jupiter – Venus – Sonne - Erde
5. Eisen – Helium – Argon - Xenon
6. Monet – Brahms – Mozart - Beethoven
7. Mechanik – Geometrie – Optik – Akustik
8. Großer Arber – Zugspitze – Feldberg - Teide

Bearbeitungszeit: 1 Minute

B)   Sprachliche Intelligenz: Gleiche Wortbedeutung?

In dieser Rubrik geht es darum herauszufinden, welches der jeweils vier angebotenen Wörter inhaltlich dem jeweils vorgegebenen Begriff am ehesten entspricht?

Beispiel: Angenommen, das vorgegebene Wort lautet „aufmerksam".

Zur Auswahl stehen folgende Begriffe:
großzügig – achtsam – konzentriert – beliebt

Lösung: Der Begriff „achtsam" stimmt am ehesten mit dem Begriff „aufmerksam" überein.

Begründung: Die drei anderen Wörter beschreiben zwar ebenfalls positiv besetzte Begriffe, jedoch ist die bedeutungsmäßige Übereinstimmung am intensivsten mit dem Begriff „achtsam".

9. Geschenk: Freude – Gabe – Hoffnung - Meditation
10. freudlos: langsam – depressiv – unwirsch - kleinlaut
11. existieren: leben – prickeln – pulsieren - schwingen
12. hören: annehmen – lauschen – singen - reden
13. siegen: erhöhen – vermehren – gewinnen - einstreichen
14. streicheln: liebkosen – mögen – anhimmeln - verehren
15. Erregung: Ungemach – Unglück – Rage - Widerstand
16. Heiterkeit: Spaß – Glück – Schönheit - Wohlbefinden

Bearbeitungszeit: 1 Minute

C) Sprachliche Intelligenz: Buchstabensalat

In dieser Rubrik geht es darum herauszufinden, wie aus einem vorgegebenen „Buchstabensalat" wieder das ursprüngliche Wort gebildet werden kann?

Beispiel: T B O E I B I H K L

Lösung: Hier lautet das gesuchte Wort „BIBLIOTHEK".

17. N R S K A H C
18. T E H P E D R L A T
19. E Y O G P I S H L C O
20. M O K I N T A R I F
21. T A R N A S T U R E
22. R D T M A R O O
23. G Z U F E U L G
24. I Z P X R A S A R T
25. M O E A R S T O N I
26. V M S U N I U R E

Bearbeitungszeit: 8 Minuten

D) Sprachliche Intelligenz: Buchstabengruppen

In dieser Rubrik geht es darum herauszufinden, welche Buchstabengruppe nicht nach der gleichen Regel gestaltet ist, wie alle anderen?

Beispiel: Angenommen, es seien folgende Buchstabengruppen
               vorgegeben:

a)   ABCDE
b)   BCDEF
c)   CDEFG
d)   ZYXWV

Lösung: Hier wäre die richtige Antwort, Gruppe (d) – ZYXWV – passt nicht zu den anderen Buchstabengruppen. Begründung: Hier erfolgt die Sortierung der Buchstaben in alphabetisch absteigender Reihenfolge, wogegen alle anderen Buchstabengruppen alphabetisch aufsteigend sortiert vorliegen.

Bearbeitungszeit: 6 Minuten

27.   CFILO
       DGJMP
       EIMQU
       FILOR

28.   BCDFG
       AEIOU
       HJKLM
       NPQRS

29. BCEGK
KMQSW
DHLPT
BEKQW

30. ABCDE
EFGHI
IJKLM
OQSUW

E) Sprachliche Intelligenz: Buchstabenreihen

In dieser Rubrik gilt es herauszufinden, nach welchem Prinzip die jeweiligen Buchstabenreihen konstruiert sind, um dann entscheiden zu können, wie die jeweilige Buchstabenreihe logisch fortgesetzt werden müsste?

Beispiel: Angenommen, es sei folgende Buchstabenreihenfolge gegeben: a – e – i – m – q - ?

Lösung: Hier lautet die korrekte Fortsetzung: „u".

Begründung: Zwischen allen Buchstaben in der vorgegebenen Reihenfolge fehlen jeweils – alphabetisch aufsteigend – die drei folgenden Buchstaben. Von daher muss nach dem letzten hier vorgegebenen Buchstaben „q" geprüft werden, welche die drei dann folgenden Buchstaben in alphabetisch aufsteigender Folge wären, die es zu überspringen gilt. Hier wären das demnach die Buchstaben r – s – t, so dass die Folge mit dem Buchstaben „u" anstelle des Fragezeichens fortgesetzt werden müsste.

Bearbeitungszeit: 5 Minuten

31.   e – j – o - t - ?
32.   a – b – d - h - ?
33.   b – c – e - g - ?
34.   b – f – j - p - ?
35.   c – f – h - k - ?

F)   Logisches Denken: Analogien

In dieser Rubrik geht es darum herauszufinden, welche Analogien zwischen vorgegebenen Begriffspaaren existieren?

Beispiel: laut : leise   Lärm : ?
                 Bewegungslosigkeit – Stille – Geräusch – Flüstern

Lösung: Hier wäre es das Lösungswort „Stille", da es in einem
                 analogen Verhältnis zum Begriff „Lärm" steht, wie der
                 Begriff „leise" zum Begriff „laut".

Bearbeitungszeit: 1 Minute

36. Datum : 05.10.1964   Uhrzeit : ?
    09.08.1967 – 08.05.1961 – 12:38 – 05.07.1945
37. Carlos Santana : Musiker   Claude Monet: ?
    Dichter – Feldherr – Maler - Nobelpreisträger
38. Autorin : Roman   Journalistin : ?
    Zeitungsartikel – Schriftstellerin – Sachbuchautorin - Filmemacherin
39. Herz-OP : Chirurg   Schizophrenie : ?
    Mediziner – Arzt – Psychologe – Arztpraxis
40. Gehen : Beine   Essen : ?
    Mahlzeit – Hunger – Löffel – Mund
41. Köln : Großstadt   Kitzingen : ?
    Ort – NRW – Bundesland – Kleinstadt
42. Chemie : Naturwissenschaft   Spanisch : ?
    Schulfach – Schüler – Sprache – Geschmacksrichtung
43. Schach – Kasparow   Tennis : ?
    Klaus Allofs – Katarina Witt – Boris Becker – Dirk Nowitzki

G) Logisches Denken: Schlussfolgerungen

In dieser Rubrik geht es darum logisch korrekte Schlussfolgerungen aus einer vorgegebenen Anzahl von Teilaussagen ziehen zu können.

Beispiel: Wenn A kleiner ist als B, und C kleiner ist als B, C jedoch größer ist als A, wer ist dann am größten?

Lösung: Hier wäre B die korrekt Antwort.

Bearbeitungszeit: 4 Minuten

44. Wo sind die Erdbeeren am billigsten?
    Im Laden A sind die Erdbeeren teurer als in B. In Laden D sind sie teurer als in C, aber billiger als in B.

45. Welches Sachbuch hat die meisten Seiten?
    Im Sachbuch A gibt es mehr Seiten als in C. Das Sachbuch D hat weniger Seiten als das Sachbuch B. Das Sachbuch B hat mehr als Seiten als das Sachbuch A.

46. Wer ist am klügsten?
    Julia ist genauso klug wie Iris. Simone ist weniger klug als Julia. Barbara ist klüger als Julia.

47. Wer wiegt am wenigsten?
    Hermann ist leichter als Robert aber schwerer als Max. Rüdiger ist schwerer als Hermann, aber leichter als Robert.

48. Wer hat den niedrigsten IQ?
    Angela hat einen niedrigeren IQ als Edwin, aber einen höheren IQ als Franz. Der IQ von Franz ist niedriger als der IQ von Sandra. Angela hätte den niedrigsten IQ, gäbe es Franz nicht.

49. Wie alt ist Friedbert?
    Iris ist 11 Jahre älter als Tom. Tom ist 14 Jahre älter als Sebastian, der 34 Jahre alt ist. Friedbert ist zwei Jahre jünger als Tom.

50. Wie viele Söhne gibt es?
    In einer Familie hat jeder Sohn dieselbe Anzahl von Schwestern wie Brüder, und jede Schwester hat doppelt so viele Brüder wie Schwestern.

H)   Logisches Denken: Zahlenreihen ergänzen

In dieser Rubrik geht es darum, dass Sie die in den Zahlenreihen versteckten Muster entdecken, nach denen die jeweils nächste Zahl eindeutig gebildet wird.

Beispiel: 2 – 4 – 6 – 8 – 10 – 12 - ?

Ihre Aufgabe besteht nun darin herauszufinden, welche Zahl anstelle des Fragezeichens eingesetzt werden muss, damit das in dieser Zahlenreihe enthaltene Berechnungsmuster logisch konsequent fortgesetzt wird.

Lösung: Hier lautet das Berechnungsmuster: + 2
               Demnach lautet die gesuchte Zahl hier: 14

    51.   1 – 4 – 16 – 19 – 76 - 79 - ?
    52.   1 – 8 – 27 – 64 – 125 - 216 - ?
    53.   1 – 8 – 24 – 20 – 27 - 81 - ?
    54.   6 – 15 – 35 – 77 – 143 - ?
    55.   11 – 16 – 32 – 56 – 128 - ?
    56.   3 – 7 – 14 – 23 – 36 - ?
    57.   9 – 1 – 16 – 1 – 25 - ?
    58.   49 – 361 – 841 – 1369 - 2209 - ?

Bearbeitungszeit: 12 Minuten

I) Logisches Denken: Zahlmatrizen

In dieser Rubrik gilt es herauszufinden, welches mathematische Prinzip einer vorgegebenen Matrix (tabellenartige Struktur) zugrunde liegt, so dass das jeweils fehlende Zahlenfeld logisch konsistent ergänzt werden kann.

Beispiel: Angenommen, es sei folgende Zahlenmatrix gegeben:

1	2	3
	5	6
7	8	9

Lösung: In das freie Zahlenfeld müsste hier die Lösungszahl 4 eingetragen werden, damit die zugrundeliegende Logik sowohl horizontal, als auch vertikal in sich schlüssig erhalten bleibt.

Bearbeitungszeit: 5 Minuten

59.

1	2	4
8	16	?
64	128	256

60.

30	?	20
60	100	40
80	150	70

61.

2	3	5
7	11	?
17	19	23

62.

6	15	35
77	143	?
323	437	667

63.

5	8	40
9	6	?
8	7	56

J)   Logisches Denken: Wochentage

In dieser Rubrik geht es darum herauszufinden, welche Wochentage sich aus einer gegebenen Zeitbeschreibung logisch ableiten lassen?

Beispiel: Angenommen, die Aussage lautet:
                 Wenn heute Mittwoch ist, welcher Tag ist dann zwei
                 Tage nach Übermorgen?

Lösung: Hier lautet die korrekte Antwort: Sonntag.
                 Begründung: Wenn heute Mittwoch ist, dann wäre
                 übermorgen demnach Freitag. Zwei Tage nach Freitag ist
                 dann also Sonntag.

Bearbeitungszeit: 3 Minuten

64.   Vor drei Tagen war Samstag. Welcher Tag ist dann übermorgen?

65.   In vier Tagen wird Samstag sein. Welcher Tag ist dann zwei
        Tag nach vorgestern?

66.   Vor drei Tagen war zwei Tage nach Dienstag. Welcher Tag ist
        dann übermorgen?

67.   Wenn ein Tag nach vorgestern Samstag war, welcher
        Tag ist dann vier Tage nach übermorgen?

68.   Welcher Wochentag wird zwei Tage nach übermorgen sein,
        wenn gestern Samstag war?

K)   Logisches Denken: Unmögliches erkennen

In dieser Rubrik geht es darum Unmögliches zu erkennen.

Beispiel: Welche der folgenden Behauptungen ist richtig?

Es ist unmöglich, dass...

a)   … ein Mensch 110 Jahre alt wird.
b)   … ein Mensch ohne Sauerstoff länger als fünf Stunden überlebt.
c)   … ein Mensch ohne Nahrung länger als sieben Tage überlebt.
d)   … ein Mensch nur vier Finger an seiner linken Hand hat.
e)   … ein Mensch ohne Blinddarm überlebt.

Lösung: Hier wäre die korrekte Antwort unter dem Buchstaben b
zu finden. Begründung: Ja, es stimmt, dass ein Mensch ohne
Sauerstoff nicht länger als fünf Stunden überleben kann.

Bearbeitungszeit: 2 Minuten

69.   Es ist unmöglich, dass ...

a)   … es außerhalb der Erde biologisches Leben gibt.
b)   … es Monde gibt, die größer sind als die Erde.
c)   … es Sterne gibt, die größer sind als die Sonne unseres Systems.
d)   … Menschen auf der Venus leben können.
e)   … sich unser Universum ausdehnt.

70. Es ist unmöglich, dass eine Bibliothekarin...

a) ... im Fachbereich Physik promoviert hat.
b) ... kein Abitur hat.
c) ... mehr als 500 Buchtitel kennt.
d) ... mehr als drei Fremdsprachen spricht.
e) ... weniger verdient als ein Kfz-Mechatroniker.

71. Es ist unmöglich, jede beliebige ungerade Zahl...

a) ... zu verdoppeln.
b) ... zu quadrieren.
c) ... ohne Rest durch 2 zu dividieren.
d) ... mit der kleinsten Primzahl zu multiplizieren.
e) ... mit der nächstgrößeren ungeraden Zahl zu multiplizieren.

72. Es ist unmöglich, dass eine Großstadt...

a) ... mehr als 10 Millionen EinwohnerInnen hat.
b) ... weniger als 100.000 Einwohner hat.
c) ... mehr als drei Kinos hat.
d) ... von einem Fluss durchzogen wird.
e) ... höher als 30 Meter über dem Meeresspiegel liegt.

73. Es ist unmöglich, dass im Lotto 6 aus 49...

a) ... die Gewinnreihe 1 – 2 – 3 – 4 – 5 – 6 gezogen wird.
b) ... alle Gewinnzahlen gerade sind.
c) ... nur Primzahlen gezogen werden.
d) ... mehr als 13.983.816 Kombinationen existieren.
e) ... eine komplette Sechserkombination wiederholt wird.

L) Logisches Denken: Meinung oder Tatsache?

In dieser Rubrik gilt es herauszufinden, ob es sich bei einer Aussage um eine Meinung oder um eine Tatsache handelt?

Beispiel: Angenommen, es seien folgende Aussagen gegeben:

a)   Blau ist eine sehr schöne Farbe.
b)   Ein Tag auf der Erde setzt sich aus 24 Stunden zusammen.

Lösung: a)   Meinung – nicht objektiv begründbar
             b)   Tatsache – objektiv belegbar gemäß Vereinbarung

Bearbeitungszeit: 2 Minuten

74.   Der Saturn ist größer als die Erde.
75.   Pink Floyd ist der Name einer Rockgruppe.
76.   Rotwein schmeckt köstlich.
77.   Männer haben im statistischen Mittel größere Gehirne als Frauen.
78.   Prof. Dr. Hoimar von Ditfurth wurde 1921 geboren.
79.   Marzipan schmeckt besser als Schokolade.
80.   Düsseldorf ist die schönste Stadt in NRW.
81.   Frauen leiden häufiger unter Depressionen als Männer.
82.   Jungen laufen im statistischen Mittel schneller als Mädchen.
83.   Lesen bereitet mehr Freude als Malen.

M) Mathematische Fähigkeiten: Kopfrechnen

In dieser Rubrik werden Ihre Fähigkeiten im Kopfrechnen getestet. Zur Bearbeitung dieser Aufgaben sind keinerlei zusätzliche Hilfsmittel (Papier, Bleistift, Taschenrechner usw.) erlaubt. Einzig Ihren Kopf dürfen Sie zur Lösung der folgenden Aufgaben verwenden.

Bearbeitungszeit: 5 Minuten

84. $39 + 147 = ?$
85. $417 + 831 = ?$
86. $29 * 41 = ?$
87. $513 * 27 = ?$
88. $44 + 19 * 5 - 22 = ?$
89. $16384 / 256 = ?$
90. $(49 * 8 + 339) - (24 + 19 * 9) = ?$
91. $5115 + 6976 - 777 + 278 - 319 = ?$
92. $(10 * 9 * 8 * 7 * 6 * 5 * 4 * 3 * 2 * 1) / 2 = ?$
93. $87 * 8 * 3 * 6 = ?$

N)   Mathematische   Fähigkeiten: Rechenzeichen   einsetzen

In dieser Rubrik geht es darum herauszufinden, welche Rechenzeichen (+ - * /) jeweils anstelle der Fragezeichen (?) in eine Aufgabe eingesetzt werden müssen, so dass das vorgegebene Ergebnis korrekt ist.

Legende: ?   Ist der Platzhalter für das erste Operationszeichen
            ??   Ist der Platzhalter für das zweite Operationszeichen
            ???   Ist der Platzhalter für das dritte Operationszeichen
            ????   Ist der Platzhalter für das vierte Operationszeichen

Beispiel: 49 ? 35 = 84

Lösung: Hier müsste das Additionszeichen (+) anstelle des
             Fragezeichens eingesetzt werden, so dass die vorgegebene
             Lösung stimmt.

Bearbeitungszeit: 9 Minuten

94.   27 ? 38 ?? 2 = 103
95.   (389 ? 11) ?? 4 = 100
96.   6 ? 12 ?? 28 ??? 100 = 0
97.   (7500 ? 50) ?? (8 ??? 23) = 4650
98.   (26 ? 15) ?? (37 ??? 12) ???? 29 = 1980
99.   (18 ? 4 ?? 3) ??? (89 ???? 5) = 451
100.   60 ? 60 ?? 24 ??? 30 = 2592000
101.   (14 ? 14 ?? 96) ??? (799 ???? 101) = 1000
102.   (2222 ? 8 ?? 230) ??? (25 ???? 5) = 10000

O) Beobachtungsgabe: Welches Zeichen ist anders in einer Reihe?

In dieser Rubrik wird Ihre Beobachtungsgabe überprüft. Dabei gilt es möglichst schnell zu erkennen, welches Zeichen in einer vorgegebenen Reihe von der Originalreihe abweicht?

Beispiel: Angenommen, folgende Originalreihe sei vorgegeben:

DSFLÖKÖLFKÖLWEIROPIEWPORIPOEIPOKFÖLDKFÖLKDÖLWPUI

Hier nun die zu überprüfende Reihe:

DSFLÖKÖLFKÖLWEIROPIEWPORIPOEIPOKFÖLDKEÖLKDÖLWPUI

Lösung: Hier wurde der Buchstabe „F" durch ein „E" ausgetauscht.

DSFLÖKÖLFKÖLWEIROPIEWPORIPOEIPOKFÖLDK**E**ÖLKDÖLWPUI

Bearbeitungszeit: 2 Minuten

103.   RZGLLLKOTZHBNMNKLÖDFGWERPOIUHHHGJIUUKLMNN
       RZGLLLKOTZHBNMNKLÖDFGWERPOIUHHHGIIUUKLMNN

104.   YXCBNMEWRUIOASDFÖKÖLSDFÖWLERUJOIASNWERUIO
       YXCBNMEWRUIOASDFÖKÖLSDFÖWLEPUJOIASNWERUIO

105.   WQEUIOGKFLÖSDKFLÖKDÖLFKÖSRIWEPORIPONFMGDG
       WQEUIOGKFLÖSDKFLÖKDÖLFKÖSRIWEPORIPOMFMGDG

106.   ASDFJGKLDFKGJLKFJDLGKRIEORIPEWVXCNMVNXCMC
       ASDFJGKLDFKGJLKBJDLGKRIEORIPEWVXCNMVNXCMC

107. POIIOWEURIOEUWDSJFKLSDFUERIOEWQETRQTWEZREU
POIIOWEURIOEUWDSJFKLSDFUERIÖEWQETRQTWEZREU

108. MNBXNMCYBMNXCBSAHDJHASKJDHJKASHKJDEUWIEU
MNBXNMCYBMNXCBSAHDJHASLJDHJKASHKJDEUWIEU

109. DASFDGHSFAGDSDHFKJHSDKJFHKJFGURTIERUITUEIRUI
DASFDGHSFAGDSDHFKJHSDKJFHKJFGURTIERUIFUEIRUI

110. ZWEUZRIUERIPORETIPOREITPOEIRTNXCVMNMCVMCWE
ZWEUZRIUERIPORETIPOREITPOEIRTNXCVNNMCVMCWE

111. YDRTHNJKOIUZTREWWPPOIUZZNUHDFTWLPOFKITSUHK
YDRTHNJKOIUZTREWVPPOIUZZNUHDFTWLPOFKITSUHK

P)   Merkfähigkeit: Wörter einprägen

In der folgenden Rubrik geht es darum, dass Sie sich möglichst schnell viele vorgegebene Begriffe einprägen, zu denen dann anschließend einige Fragen gestellt werden.

Beispiel: Angenommen, es sei folgende Tabelle mit Begriffen vorgegeben:

Zeit zum Einprägen: 1 Minute. Bitte erst nach der Einprägezeit umblättern.

Lebensmittel	Automarke	Unterrichtsfach	Mädchenname
Brot	BMW	Physik	Barbara
Käse	OPEL	Englisch	Iris
Wurst	FORD	Kunst	Heike
Marmelade	MERCEDES	Musik	Sandra

Frage: In welcher Rubrik beginnt ein Begriff mit dem Buchstaben „H"?

Lösung: In der Rubrik „Mädchenname" beginnt der Begriff „Heike" mit dem Buchstaben „H".

112.

Beruf	Fluss	Hauptstadt	Psychische Störung
Bäcker	Saar	Madrid	Schizophrenie
Arzt	Pegnitz	Stockholm	Bindungsphobie
Psychiater	Elbe	Peking	Angststörung
Jurist	Weser	Rom	Esssucht

Zeit zum Einprägen: 1 Minute. Bitte erst nach der Einprägezeit umblättern.

112 a) In welcher Spalte steht eine Hauptstadt, deren zweiter Buchstabe der Vokal „e" ist?

112 b) Wie lautet die Berufsbezeichnung, die an der dritten Stelle den Buchstaben „r" hat?

112 c) In welcher Zeile (ohne Überschriftszeile) befindet sich die psychische Störung, die mit dem Buchstaben „B" beginnt, und wie lautet die genaue Bezeichnung?

112 d) Wie lauten die Namen der drei Flüsse, die mit einem Konsonanten beginnen?

Bearbeitungszeit:　2 Minuten

113.

Farbe	Fluss	Stadt	Beruf	Sportart
grün	Mosel	Köln	Lehrerin	Handball
blau	Rhein	Aachen	Maler	Schwimmen
gelb	Elbe	Nürnberg	Notarin	Basketball
rot	Pegnitz	Düsseldorf	Neurologe	Schach
orange	Oder	Hamburg	Autorin	Fußball
violett	Nil	Berlin	Journalist	Tennis
türkis	Amazonas	Stuttgart	Dozent	Rudern

Einprägezeit: 3 Minuten. Bitte erst umblättern, nachdem die Einprägezeit vorbei ist.

113 a) Wie lautet der Name der Stadt, die in der fünften Zeile (ohne Überschriftszeile) genannt wird?

113 b) Welcher der genannten Berufe beginnt nicht mit einem Vokal?

113 c) Welche der genannten Farben enthalten Umlaute?

113 d) Welche der Flüsse enthalten den Buchstaben „N" und zugleich exakt zwei Vokale?

113 e) Welche Sportart enthält exakt einen Vokal?

113 f) Welche Berufsbezeichnung wird in der vorletzten Zeile genannt?

Bearbeitungszeit: 3 Minuten

114.

Natürliche Zahlen	Primzahlen	Quadratzahlen
224	41	361
333	61	576
812	37	256
517	59	400
632	31	625
777	67	441
189	53	784
256	71	484
876	43	841
227	47	676

Einprägezeit: 7 Minuten. Bitte erst umblättern, nachdem die Einprägezeit vorbei ist.

114 a) Welche Quadratzahl ist als einzige identisch mit einer der genannten Natürlichen Zahlen?

114 b) Welche der genannten Primzahlen taucht nicht in der Tabelle auf?
31 – 61 – 97

114 c) Wie lauten die beiden „Schnapszahlen" in der Rubrik der Natürlichen Zahlen?

114 d) Wie lautet die Quadratzahl, die mit der Ziffer 7 beginnt?

114 e) Welche Primzahl steht in der vorletzten Zeile?

114 f) Wie lauten die drei Natürlichen Zahlen, die jeweils mit der Ziffer 2 beginnen?

114 g) Welche Quadratzahl steht in der vierten Zeile (ohne Überschriftszeile)?

114 h) Welche der genannten Primzahlen hat die Quersumme 13?

Bearbeitungszeit: 3 Minuten

Q)   Merkfähigkeit: Begriffe merken

Auch in der folgenden Rubrik geht es darum, dass Sie sich möglichst viele Begriffe in möglichst kurzer Zeit einprägen. Anschließend werden dann Fragen zu den zuvor eingeprägten Begriffen bzw. zu deren Positionen innerhalb der jeweiligen Tabelle gestellt.

Beispiel:

Erde	Optik	Mallorca	Barbara
Angela	Asien	Europa	Jupiter
Australien	Saturn	Tülay	Wärmelehre
Teneriffa	Heike	Mars	Texel
Mechanik	Juist	Akustik	Afrika

Einprägezeit: 3 Minuten

Nachdem Sie dann die obige Tabelle abgedeckt haben, sollten folgende Fragen beantwortet werden:

- In welcher Spalte befindet sich der Planet mit dem Anfangsbuchstaben „J"?
- In welcher Spalte steht ein weiblicher Vorname mit dem Anfangsbuchstaben „T"?
- Welche Insel wird in der vierten Zeile genannt?
- Welches Teilgebiet der Physik wird in der zweiten Spalte genannt?

Lösungen:

- Der Planet Jupiter steht in der vierten Spalte.
- Der weibliche Vorname, Tülay, steht in der dritten Spalte.
- Die Insel Teneriffa wird in der vierten Zeile genannt.
- Das Teilgebiet „Optik" wird in der zweiten Spalte genannt.

115.

Mozart	Monet	Aristoteles	Böll	BR
Der Freitag	München	Genesis	ZDF	Telemann
Mainz	Judas Priest	Sagan	Händel	Sokrates
WDR	Frisch	Hannover	Picasso	Abba
Seneca	ARD	Mahler	Hawking	Potsdam
Tipler	Precht	ARTE	Kiel	BAP
Pink Floyd	Bach	Foreigner	3SAT	King
Grass	WZ	Mann	Platon	Süddeutsche

Einprägezeit: 5 Minuten

Bitte erst umblättern, nachdem die Einprägezeit abgelaufen ist.

115 a) Welcher Maler wird in der vierten Zeile genannt?

115 b) Welcher Fernsehsender wird in der dritten Spalte genannt?

115 c) Welcher Astrophysiker steht in der ersten Spalte?

115 d) Welcher Philosoph wird in der fünften Spalte genannt?

115 e) Welcher Autor wird in der ersten Zeile genannt?

115 f) Welche beiden Rockgruppen stehen in der siebten Zeile?

115 g) Welche Wochenzeitung wird in der zweiten Zeile genannt?

115 h) Welcher Komponist steht in der zweiten Spalte?

115 i) Welche Landeshauptstadt steht in der sechsten Zeile?

115 j) Welcher Komponist steht in der fünften Zeile?

Bearbeitungszeit: 4 Minuten

R)   Merkfähigkeit: Adressen merken

In dieser Rubrik geht es darum, dass Sie sich zunächst folgende Adressen (komplett) einprägen. Anschließend werden verschiedene Fragen zu bestimmten Details gestellt, die Sie dann aus Ihrem Gedächtnis beantworten sollen.

Bitte beachten Sie, dass Sie erst auf die nächste Seite umblättern, nachdem die Einprägezeit von insgesamt 10 Minuten vollständig abgelaufen ist.

116.

Melanie Müller, 29 Jahre **Floristin** **Sybelstraße 4** **20400 Hamburg**	**Heinz Gentner, 78 Jahre** **Privatier** **Merzstraße 37** **80240 München**
Dr. Fred Mantel, 59 Jahre **Neurologe** **Siemensgasse 71** **10740 Berlin**	**Ilse Henning, 39 Jahre** **Bibliothekarin** **Nordstraße 41** **40210 Düsseldorf**
Angela Moll, 24 Jahre **Studentin** **Goethestraße 49** **50480 Köln**	**Friedhelm Noll, 41 Jahre** **Informatiker** **Bahnstraße 29** **60650 Frankfurt**
Herbert Enken, 79 Jahre **Rentner** **Bodenseestraße 84** **70700 Stuttgart**	**Sebnem Gök, 57 Jahre** **Physiotherapeutin** **Waldstraße 5** **30760 Hannover**
Sonja Fenske, 36 Jahre **Buchhalterin** **Bergstraße 99** **51090 Köln**	**Frank Baum, 58 Jahre** **Rechtsanwalt** **Mendelstraße 71** **10529 Berlin**

116 a) Welche Person wohnt in der Bahnstraße 29?
116 b) Wie alt ist Dr. Fred Mantel?
116 c) Welchen Beruf hat Sonja Fenske?
116 d) In welcher Straße wohnt Sebnem Gök?
116 e) Wer wohnt in 40210 Düsseldorf?
116 f) In welcher Stadt (inkl. PLZ) wohnt der Privatier?
116 g) Welche Person ist 29 Jahre alt?
116 h) Wie lautet der Name des Rechtsanwalts?
116 i) Wer wohnt in der Goethestraße 49?
116 j) Welchen Beruf hat Friedhelm Noll?

Bearbeitungszeit: 5 Minuten

S) **Merkfähigkeit: Texte einprägen, anschließend Fragen beantworten**

In der folgenden Rubrik geht es darum, dass Sie sich zunächst jeweils einen vorgegebenen Text innerhalb einer vorgegebenen Zeit (3 Minuten) einprägen. Anschließend blättern Sie bitte um zu den Fragen, die Sie dann detailliert beantworten sollten.

117.

Mutige Flugbegleiterin verhindert Schlimmeres durch engagierten Einsatz

Auf dem Linienflug TUI6167 von Teneriffa nach Düsseldorf kam es am 09.08.2019 zu einem schwerwiegenden Zwischenfall, der entscheidend durch das beherzte Eingreifen der 32-jährigen Flugbegleiterin, Miriam Funke, nicht zu einer Katastrophe geworden war. Als sich die Boeing 737 um 12:40 Uhr in 10.500 Meter Flughöhe über Portugal befand, begannen drei männliche Passagiere, die offenkundig aus dem osteuropäischen Raum stammten, in der Kabine zu randalieren. Mehrere Mitreisende wurden in aggressiver Art und Weise angepöbelt; darunter eine 64-jährige Dame sowie ein 38-jähriger Vater, der große Mühe hatte, sein zweijähriges Kleinkind gegen die Übergriffe des Wortführers, ein stark alkoholisierter 48-jähriger Mann, zu verteidigen. Mehrfach bemühte sich das Kabinenpersonal leider vergeblich darum die sich bedrohlich immer weiter zuspitzende Situation an Bord der Boeing 737 zu deeskalieren. Eine knappe halbe Stunde später, als die Maschine um 13:08 Uhr über den Süden Frankreichs flog, stand der 1,90 Meter große Wortführer plötzlich auf, und versuchte sich auf extrem rücksichtslose Art und Weise Zutritt zum Cockpit zu verschaffen. Die im vorderen Bereich der Kabine sich befindende 32-jährige Flugbegleiterin, die den Ernst der Lage schnell erkannte, handelte geistesgegenwärtig, indem sie dem stark angetrunkenen Mann ein Bein stellte, so dass dieser zu Boden stürzte. Binnen kurzer Zeit konnte der pöbelnden Mann dann mit Hilfe zwei weiterer Flugbegleiter überwältigt werden. Etwa zwei Stunden später um 15:04 Uhr landete die Boeing dann sicher auf dem Flughafen Düsseldorf.

117 a) Wie lautet die genaue Flugnummer des Linienflugs?

117 b) An welchem Datum fand der Zwischenfall statt?

117 c) Wie alt ist die mutige Flugbegleiterin?

117 d) Wie lautet der vollständige Name der 32-jährigen Flugbegleiterin?

117 e) Wie lautet die genaue Bezeichnung des Flugzeugtyps?

117 f) Welche Flughöhe hatte die Boeing 737 um 12:40 Uhr?

117 g) Wie alt ist der Vater, dessen Kleinkind belästigt worden war?

117 h) Wie alt ist der stark alkoholisierte Wortführer?

117 i) Wo befand sich die Boeing 737 um 13:08 Uhr?

117 j) Wodurch wurde der Wortführer außer Gefecht gesetzt?

117 k) Zu welcher Uhrzeit war die Boeing 737 sicher gelandet?

117 l) Welcher Zielflughafen wurde angeflogen?

Bearbeitungszeit: 6 Minuten

T)   Interpretation von Statistiken

In dieser Rubrik geht es darum zu zeigen, ob bzw. inwieweit Sie dazu in der Lage sind, Statistiken korrekt zu interpretieren, um somit relevante Informationen daraus ableiten zu können.

118.

	1	2	3	4	5	6
A	34	47	33	62	80	22
B	22	43	98	11	56	34
C	76	64	90	82	54	48
D	55	87	44	39	74	96

a)   Welcher Sportler (A, B, C, D) hat durchschnittlich die wenigsten Punkte in den Wettbewerben (1, 2, 3, 4, 5, 6) erzielt?

b)   Welche beiden Sportler haben im dritten Wettbewerb die wenigsten Punkte erzielt?

c)   Welcher Sportler hat die geringste Streuungsbreite über alle sechs Wettbewerbe?

d)   Welcher Wettbewerb hat insgesamt die höchste Punktzahl?

Bearbeitungszeit: 4 Minuten

119.

In der folgenden Tabelle sind die Durchschnittstemperaturen für acht Städte in vier aufeinanderfolgenden Jahren aufgelistet.

	2016	*2017*	*2018*	*2019*
A	9	10	8	11
B	7	7	12	9
C	4	2	6	3
D	12	14	11	14
E	10	9	15	13
F	8	8	6	9
G	15	17	14	15
H	6	6	7	8

a) In welchem Jahr herrschten insgesamt die niedrigsten Durchschnittstemperaturen?
b) Welche Stadt war durchschnittlich die wärmste?
c) Welche beiden Städte hatten im Jahr 2017 die niedrigsten Durchschnittstemperaturen?
d) Welche Stadt hatte insgesamt die niedrigste Durchschnittstemperatur?

Bearbeitungszeit: 5 Minuten

U) Oberbegriffe finden

In der folgenden Rubrik geht es darum herauszufinden, welche Begriffe in der linken Spalte jeweils passende Oberbegriffe zu den in der rechten Spalte genannten Wörtern sind?

Beispiel:

Wassersport	**Barbara**
Wetterphänomen	**Zugspitze**
Vorname	**Segeln**
Fluss	**Wirbelsturm**
Berg	**Rhein**

Hier wäre die korrekte Zuordnung wie folgt:

Wassersport	===>	Segeln
Wetterphänomen	===>	Wirbelsturm
Vorname	===>	Barbara
Fluss	===>	Rhein
Berg	===>	Zugspitze

120.

Politiker	Uranus
Landeshauptstadt	Nürnberger Lebkuchen
Fluss	Mohnbrötchen
Moderator	Carl Sagan
Kulinarische Spezialität	Hannover
Alkoholisches Getränk	Remis
Astrophysiker	Frank Plasberg
Sängerin	Robert Habeck
Komponist	Eisen
Stadt in Holland	Lichtjahr
Gebirge	Nena
Planet	Eierlikör
Begriff aus dem Schachsport	Elbe
Maßeinheit	Rotterdam
Backware	Beethoven
Chemisches Element	Himalaya

Bearbeitungszeit: 1 Minute

121.

Naturforscher	Gary Moore
Theologin	Augsburg
Fußballer	Picasso
Schachweltmeister	Arial
Edelstein	Magnus Carlsen
Naturkatastrophe	Merlot
Rechenart	Buche
Lexikon	Humboldt
Wintersportort	Abakus
Politikerin	Johanna Rahner
Elektronisches Bauteil	Traben-Trarbach
Berühmter Gitarrist	Manuel Neuer
Stadt in Süddeutschland	Katja Kipping
Baumart	Oberstdorf
Destruktives Gefühl	Diamant
Weinsorte	Division
Berühmter Maler	Meyers
Tageszeitung	Erdbeben
Rechenhilfsmittel	Transistor
Ort an der Mosel	Rheinische Post
Schrifttyp	Neid

Bearbeitungszeit: 1 Minute

V)   Passende Begriffe finden

In der folgenden Rubrik geht es darum, dass Sie zu einem vorgegebenen Oberbegriff aus einer Liste exakt nur solche Wörter herausfinden, die zu dem vorgegebenen Oberbegriff passen.

Beispiel:

Angenommen, der Oberbegriff lautet „EDV-Fachbegriffe". Gegeben sei folgende Liste:

USB-Stick – Diskette – Schnürsenkel – Bilderrahmen – Desktop – CPU – Wald – Gemüse – Musik – Soundkarte – Festplatte – Straßenbahn – Biologie – Pixel – Mainboard – Foto – Lottoschein – Informatik – Blume – Maus

Hier lauten die korrekten Wörter, die allesamt dem Oberbegriff „EDV" zugeordnet werden können:

USB-Stick – Diskette – Desktop – CPU – Soundkarte – Festplatte – Pixel – Mainboard – Informatik – Maus.

122. Der vorgegebene Begriff lautet „Deutsche Flüsse":

Gegeben ist folgende Liste:

Loire – Rhein – Themse – Weser – Seine – Tay – Donau – Main – Ebro – Saale – Spree – Mosel – Rhone – Werra – Pegnitz – Guadiana – Segura – Elbe – Neckar – River Avon – Havel

Bearbeitungszeit: 1 Minute.

123.

Der vorgegebene Begriff lautet „Kubikzahlen":

Gegeben ist folgende Liste:

27 – 16 – 39 – 64 – 216 – 320 – 516 – 125 – 199 – 343 – 411 – 448 – 512 –
668 – 772 – 729 – 881 – 1331 – 1455 – 2255 – 1728 – 3425 – 2744 - 4875

Bearbeitungszeit: 3 Minuten

W)   Schnell Wörter finden

In dieser Rubrik geht es darum zu vorgegebenen Ausgangsbedingungen möglichst viele Wörter aufzuschreiben.

Beispiel: Angenommen, die Ausgangsbedingung lautet:
                  Schreiben Sie möglichst viele Wörter auf, die mit dem
                  Anfangsbuchstaben B beginnen.

                  Dann könnte Ihre Liste z. B. wie folgt aussehen:

                  Baum – Bus – Bär – Brot – Buche – Bild – Bochum – Boot
                  usw.

124.   a)   Schreiben Sie binnen einer Minute möglichst viele Wörter
              auf, die mit dem Buchstaben „K" beginnen.
        b)   Schreiben Sie binnen einer Minute möglichst viele Wörter
              auf, deren dritter Buchstaben ein „f" ist.
        c)   Schreiben Sie binnen einer Minute möglichst viele
              Adjektive auf, deren Anfangsbuchstaben ein „w" ist.

X)   Sinnlose Silben

In dieser Rubrik geht es darum, dass Sie sich möglichst viele „sinnlose"
Silben einprägen, die dann anschließend – nach einer dreiminütigen
Wartezeit – überprüft werden. Sinn und Zweck dieser Aufgabe ist es, Ihre
Gedächtnisfunktion zu überprüfen.

125.   Prägen Sie sich bitte zunächst möglichst viele der nachfolgenden
        Silben ein. Für diesen Einprägevorgang stehen Ihnen insgesamt
        fünf Minuten zur Verfügung.

ghj	rtz	jjl
wrr	tzt	hjk
dfg	kjh	wsc
qsc	ppl	wwt
vvb	nmn	xxc
ukk	qqk	ztz
bvc	xyx	ttm
ftb	ppw	njj
wxc	rnz	qmq
vvx	zhg	bpb

Nachdem die fünf Minuten Einprägezeit zzgl. der Wartezeit von drei
Minuten vorbei sind, blättern Sie bitte um auf die nächste Seite.

Bitte achten Sie unbedingt darauf, dass Sie während der Wartezeit keinen
Blick mehr auf die vorherige Tabelle mit den sinnlosen Silben werfen; das
ist ausdrücklich so gewollt.

Markieren Sie nun in der folgenden Tabelle genau die zehn Silben, die in der vorherigen Tabelle tatsächlich vorgekommen sind.

Bearbeitungszeit: 2 Minuten

uur	ppl	yop
llk	kks	hjk
wii	wmj	aik
dfg	qqk	xxc
oop	wpl	lld
tli	qkv	wmj
rrm	soi	doi
qiq	emb	sin
ukk	rnz	fkh
tzt	nmn	njj

Y)   Merkfähigkeit

In der folgenden Rubrik wird Ihre Merkfähigkeit getestet. Zunächst sollen Sie sich möglichst viele Informationen binnen zwei Minuten einprägen.

Anschließend blättern Sie bitte auf die nächste Seite um, und beantworten dann alle gestellten Fragen.

126.	PolitikerInnen	:	Kipping – Söder – Scholz Bartsch – Habeck
	Chemisches Element	:	Silber – Krypton – Helium Uran – Cäsium
	Baumart	:	Kiefer – Buche – Eiche – Pappel Trauerweide
	Sportler	:	Kimmich – Reus – Ribery Pechstein – Ronaldo
	Beruf	:	Notar – Chemikerin – Chirurg Podologin – Logopädin
	Religion	:	Buddhismus – Christentum – Islam Hinduismus – Judentum
	Getränk	:	Whiskey – Kakao – Apfelsaft Rotwein – Sprudel

Bearbeitungszeit für alle folgenden Teilaufgaben: 3 Minuten

a)   Der Name welcher Sportler beginnt mit dem Buchstaben „R"?
b)   Welches der genannten chemischen Elemente beginnt mit einem Vokal?
c)   Welcher Getränkename endet mit dem Buchstaben „o"?
d)   Welche Religion enthält nur einmal den Buchstaben „u"?
e)   Welcher Beruf enthält nicht den Buchstaben „i"?
f)   Welche Politikernamen bestehen aus genau sechs Buchstaben?
g)   Welcher Baumname beginnt mit einem Vokal?
h)   Welcher Sportlername enthält genau sechs Buchstaben?
i)   Welche chemischen Elemente enden mit dem Buchstaben „m"?
j)   Welche Baumart hat an der zweiten Stelle keinen Vokal?

Z) Buchstabenrätsel

127. In dieser Rubrik sollen insgesamt vier Buchstabenrätsel von Ihnen gelöst werden, die wie folgt gestaltet sind: Bei jedem Rätsel soll ein deutsches Wort (im Singular: Einzahl) gefunden werden, das sich exakt aus den genau neun vorgegebenen Buchstaben zusammensetzen lässt.

a)

N	G	U
O	E	L
E	R	O

b)

T	A	E
E	P	U
T	R	H

c)

M	E	A
R	B	E
R	O	T

d)

R	E	C
T	H	K
I	T	A

Bearbeitungszeit: 20 Minuten

Lösungen

A)   Sprachliche Intelligenz: Welches Wort passt nicht?

1. Nürnberg. Alle anderen Städte liegen in NRW.
2. Fußball. Alle anderen Begriffe betreffen Wassersportarten.
3. Mathematik. Die anderen drei sind Naturwissenschaften.
4. Sonne. Die anderen drei sind Planeten.
5. Eisen. Die anderen Begriffe beziehen sich auf Edelgase.
6. Monet. Bei den anderen dreien handelt es sich um Komponisten.
7. Geometrie. Die anderen Begriffe stammen aus der Physik.
8. Teide. Die anderen drei Berge liegen in Deutschland.

B)   Sprachliche Intelligenz: Gleiche Wortbedeutung?

9. Gabe
10. langsam
11. leben
12. lauschen
13. gewinnen
14. liebkosen
15. Rage
16. Spaß

C)   Sprachliche Intelligenz: Buchstabensalat

17.   Schrank
18.   Herdplatte
19.   Psychologie
20.   Informatik
21.   Restaurant
22.   Motorrad

23. Flugzeug
24. Arztpraxis
25. Astronomie
26. Universum

D) Sprachliche Intelligenz: Buchstabengruppen

27. EIMQU
Begründung: Bei allen anderen Kombinationen sind die folgenden Buchstaben jeweils in Abständen von (+3) zum vorhergehenden Buchstaben gebildet. Hier jedoch sind es 4er-Abstände.

28. AEIOU
Begründung: Alle anderen Buchstabenreihen bestehen ausschließlich aus Konsonanten.

29. DHLPT
Begründung: Alle anderen Reihen werden ausschließlich aus Buchstaben gebildet, die an Positionen mit Primzahlen stehen. (Beispiel: B:2, C:3, E:5, G:7 usw.). Die Buchstabenreihe DHLPT besteht ausschließlich aus Buchstaben, die an Positionen platziert sind, die in 4er-Abständen in der alphabetischen Sortierung zu finden sind. (Beispiel: D:4, H:8 usw.)

30. OQSUW
Begründung: Bei allen anderen Kombinationen werden die Buchstaben unmittelbar aufeinanderfolgend gebildet. Bei der Reihe OQSUW gibt es 2er-Abstände.

E)   Sprachliche Intelligenz: Buchstabenreihen

31.   y
32.   p
33.   k
34.   v
35.   m

F)   Logisches Denken: Analogien

36.   12:38
37.   Maler
38.   Zeitungsartikel
39.   Psychologe
40.   Mund
41.   Kleinstadt
42.   Sprache
43.   Boris Becker

G)   Logisches Denken: Schlussfolgerungen

44.   C
45.   B
46.   Barbara
47.   Max
48.   Franz
49.   46
50.   4

51.   Berechnungsschema: +3, * 4
        Gesuchte Zahl: 316
52.   Berechnungsschema: $1^3, 2^3, 3^3, 4^3, 5^3, 6^3, 7^3$
        Gesuchte Zahl: 343
53.   Berechnungsschema: +7, *3, -4
        Gesuchte Zahl: 77
54.   Berechnungsschema: beginnend bei der Primzahl 2 wird
                            diese mit der jeweils unmittelbar
                            folgenden Primzahl (hier: 3)
                            multipliziert. Also: 2*3, 3*5, 5*7 usw.
        Gesuchte Zahl: 221
55.   Berechnungsschema: Beginnend bei der Primzahl 2 wird
                            zunächst die jeweils folgende
                            Primzahl quadriert sowie zusätzlich
                            um 7 erhöht. Also: $2^2+7, 3^2+7$ usw.
        Gesuchte Zahl: 176 (hier: 13^2+7)
56.   Berechnungsschema: Zu der jeweils nächsten Quadratzahl
                            (beginnend bei $1^1=1$) wird immer die
                            jeweils nächstfolgende Primzahl
                            (beginnend bei der Primzahl 2)
                            addiert. Also: $1^1+2, 2^2+3$ usw.
        Gesuchte Zahl: 49
57.   Berechnungsschema: Ziffernfolge der Kreiszahl PI
                            (3,14159) wird Ziffer für Ziffer
                            quadriert. Also: $3^2, 1^2, 4^2$ usw.
        Gesuchte Zahl: 81
58.   Berechnungsschema: Es wird die jeweils höchste Primzahl
                            in der jeweils folgenden 10-er Gruppe
                            quadriert. Also: $7^2, 19^2, 29^2$ usw.
        Gesuchte Zahl: 3481

I)   Logisches Denken: Zahlmatrizen

59.   32
60.   50
61.   13
62.   221
63.   54

J)   Logisches Denken: Wochentage

64.   Donnerstag
65.   Dienstag
66.   Dienstag
67.   Samstag
68.   Donnerstag

K)   Logisches Denken: Unmögliches erkennen

69.   d
Begründung: Menschen, als biologische Lebewesen, können nicht auf der
Venus leben, weil die Atmosphäre dort mit giftigen Gasen umhüllt ist.
Zudem sind die Temperaturen dort viel zu hoch, als dass Menschen dort
leben könnten.

70.   b
Begründung: Voraussetzung für das Berufsbild einer Bibliothekarin ist das
Abitur.

71.   c
Begründung: Jede beliebige Zahl, die durch 2 dividiert wird, ergibt
grundsätzlich einen Rest von 1. (z. B.: 5 / 2 = 2 Rest 1 usw.).

72. b

Begründung: Per Definition haben Großstädte mindestens 100.000 EinwohnerInnen.

73. d

Begründung: Im Lotto 6 aus 49 errechnet sich die Anzahl möglicher Kombinationen wie folgt: $(49*48*47*46*45*44) / 6! = 13.983.816$. Von daher handelt es sich um einen endlichen Zustandsraum. Somit muss es zwangsläufig spätestens nach der 13.983.816 Ziehung zu einer vollständigen Wiederholung einer kompletten Sechserkombination kommen.

L)   Logisches Denken: Meinung oder Tatsache?

74.   Tatsache
75.   Tatsache
76.   Meinung
77.   Tatsache
78.   Tatsache
79.   Meinung
80.   Meinung
81.   Tatsache
82.   Tatsache
83.   Meinung

M)   Mathematische Fähigkeiten: Kopfrechnen

84.   186
85.   1248
86.   1189
87.   13851
88.   117
89.   64
90.   536

91. 11273
92. 1814400
93. 12528

N) Mathematische Fähigkeiten: Rechenzeichen einsetzen

94. +   *
95. +   /
96. *   +   -
97. /   *   +
98. +   *   +   -
99. -   *   +   *
100. *   *   *
101. *   -   +   +
102. +   -   *   /

O) Beobachtungsgabe: Welches Zeichen ist anders in einer Reihe?

103. I
104. P
105. M
106. B
107. Ö
108. L
109. F
110. N
111. V

P) Merkfähigkeit: Wörter einprägen, falsche Wörter identifizieren

112 a) 3. Spalte. Peking
112 b) Jurist

112 c) 2. Zeile, Bindungsphobie
112 d) Saar, Pegnitz, Weser

113 a) Hamburg
113 b) Autorin
113 c) grün, türkis
113 d) Rhein, Pegnitz
113 e) Schach
113 f) Journalist

114 a) 256
114 b) 97
114 c) 333, 777
114 d) 784
114 e) 43
114 f) 224, 227, 256
114 g) 400
114 h) 67

Q)   Merkfähigkeit: Begriffe merken

115 a) Picasso
115 b) ARTE
115 c) Tipler
115 d) Sokrates
115 e) Böll
115 f) Pink Floyd, Foreigner
115 g) Der Freitag
115 h) Bach
115 i) Kiel
115 j) Mahler

R) Merkfähigkeit: Adressen merken

116 a) Friedhelm Noll
116 b) 59 Jahre
116 c) Buchhalterin
116 d) Waldstraße 5
116 e) Ilse Henning
116 f) 80240 München
116 g) Melanie Müller
116 h) Frank Baum
116 i) Angela Moll
116 j) Informatiker

S) Merkfähigkeit: Texte einprägen, anschließend Fragen beantworten

117 a) TUI6167
117 b) 09.08.2019
117 c) 32 Jahre
117 d) Miriam Funke
117 e) Boeing 737
117 f) 10500 Meter
117 g) 38 Jahre
117 h) 48 Jahre
117 i) Über dem Süden Frankreichs
117 j) Flugbegleiterin stellte dem Mann ein Bein
117 k) 15:04 Uhr
117 l) Flughafen Düsseldorf

T) Interpretation von Statistiken

118 a) B

118 b) A, D
118 c) C
118 d) 3. Wettbewerb

119 a) 2016
119 b) G
119 c) C, H
119 d) C

U)   Oberbegriffe finden

120.   Politiker   :   Robert Habeck
        Landeshauptstadt   :   Hannover
        Fluss   :   Elbe
        Moderator   :   Frank Plasberg
        Kulinarische Spezialität   :   Nürnberger Lebkuchen
        Alkoholisches Getränk   :   Eierlikör
        Astrophysiker   :   Carl Sagan
        Sängerin   :   Nena
        Komponist   :   Beethoven
        Stadt in Holland   :   Rotterdam
        Gebirge   :   Himalaya
        Planet   :   Uranus
        Begriff aus dem Schachsport   :   Remis
        Maßeinheit   :   Lichtjahr
        Backware   :   Mohnbrötchen
        Chemisches Element   :   Eisen

121.   Naturforscher   :   Humboldt
        Theologin   :   Johanna Rahner
        Fußballer   :   Manuel Neuer
        Schachweltmeister   :   Magnus Carlsen
        Edelstein   :   Diamant

Naturkatastrophe	:	Erdbeben
Rechenart	:	Division
Lexikon	:	Meyers
Wintersportort	:	Oberstdorf
Politikerin	:	Katja Kipping
Elektronisches Bauteil	:	Transistor
Berühmter Gitarrist	:	Gary Moore
Stadt in Süddeutschland	:	Augsburg
Baumart	:	Buche
Destruktives Gefühl	:	Neid
Weinsorte	:	Merlot
Berühmter Maler	:	Picasso
Tageszeitung	:	Rheinische Post
Rechenhilfsmittel	:	Abakus
Ort an der Mosel	:	Traben-Trarbach
Schrifttyp	:	Arial

V)   Passende Begriffe finden

122.   Rhein – Elbe – Donau – Main – Weser – Mosel – Neckar – Spree
       Havel – Saale – Werra - Pegnitz

123.   27 – 64 – 125 – 216 – 343 – 512 – 729 – 1331 – 1728 - 2744

W)   Schnell Wörter finden

124.   Hier ist die jeweilige Lösung selbsterklärend.

X)   Sinnlose Silben

125.   dfg – ukk - tzt – ppl – nmn – qqk – rnz – hjk – xxc - njj

Y)   Merkfähigkeit

126.   a)   Reus, Ribery
        b)   Uran
        c)   Kakao
        d)   Christentum
        e)   Notar
'   f)   Scholz, Habeck
        g)   Eiche
        h)   Ribery
        i)   Helium, Cäsium
        j)   Trauerweide

Z)   Buchstabenrätsel

a)   Neurologe
b)   Therapeut
c)   Barometer
d)   Architekt

Punkteverteilung

1	:	1	51	:	2	86 a	:	1
2	:	1	52	:	2	86 b	:	1
3	:	1	53	:	2	86 c	:	1
4	:	1	54	:	2	86 d	:	1
5	:	1	55	:	3	86 e	:	1
6	:	1	56	:	3	86 f	:	1
7	:	1	57	:	3	86 g	:	1
8	:	1	58	:	3	86 h	:	1
9	:	1	59	:	2	86 i	:	1
10	:	1	60	:	2	86 j	:	1
11	:	1	61	:	2	87 a	:	1
12	:	1	62	:	2	87 b	:	1
13	:	1	63	:	2	87 c	:	1
14	:	1	64	:	2	87 d	:	1
15	:	1	65	:	2	87 e	:	1
16	:	1	66	:	2	87 f	:	1
17	:	1	67	:	2	87 g	:	1
18	:	1	68	:	2	87 h	:	1
19	:	1	69	:	2	87 i	:	1
20	:	1	70	:	2	87 j	:	1
21	:	1	71	:	2	88 a	:	1
22	:	1	72	:	2	88 b	:	1
23	:	1	73	:	2	87 c	:	1
24	:	1	74	:	1	87 d	:	1
25	:	1	75	:	1	87 e	:	1
26	:	1	76	:	1	87 f	:	1
27	:	2	77	:	1	87 g	:	1
28	:	2	78	:	1	87 h	:	1
29	:	2	79	:	1	87 i	:	1
30	:	2	80	:	1	87 j	:	1
31	:	2	81	:	1	87 k	:	1
32	:	2	82	:	1	87 l	:	1

33	:	2	83	:	1	101	:	3
34	:	2	84	:	1	102	:	3
35	:	2	85	:	1	103	:	1
36	:	2	86	:	1	104	:	1
37	:	2	87	:	2	105	:	1
38	:	2	88	:	2	106	:	1
39	:	2	89	:	2	107	:	1
40	:	2	90	:	3	108	:	1
41	:	2	91	:	3	109	:	1
42	:	2	92	:	3	110	:	1
43	:	2	93	:	3	111	:	1
44	:	3	94	:	3	112 a	:	2
45	:	3	95	:	3	112 b	:	2
46	:	3	96	:	3	112 c	:	2
47	:	3	97	:	3	112 d	:	2
48	:	3	98	:	3	113 a	:	2
49	:	3	99	:	3	113 b	:	2
50	:	3	100	:	3	113 c	:	2

113 d	:	2	115 e	:	2	116 j	:	2
113 e	:	2	115 f	:	2	117 a	:	2
113 f	:	2	115 g	:	2	117 b	:	2
114 a	:	2	115 h	:	2	117 c	:	2
114 b	:	2	115 i	:	2	117 d	:	2
114 c	:	2	115 j	:	2	117 e	:	2
114 d	:	2	116 a	:	2	117 f	:	2
114 e	:	2	116 b	:	2	117 g	:	2
114 f	:	2	116 c	:	2	117 h	:	2
114 g	:	2	116 d	:	2	117 i	:	2
114 h	:	2	116 e	:	2	117 j	:	2
115 a	:	2	116 f	:	2	117 k	:	2
115 b	:	2	116 g	:	2	117 l	:	2
115 c	:	2	116 h	:	2	118 a	:	2
115 d	:	2	116 i	:	2	118 b	:	2

118 c	:	2
118 d	:	2
119 a	:	2
119 b	:	2
119 c	:	2
119 d	:	2

120 : Je richtige Zuordnung 1 Punkt (insgesamt 16 Punkte)

121 : Je richtige Zuordnung 1 Punkt (insgesamt 21 Punkte)

122 : Für jeden richtig erkannten deutschen Fluss gibt es 1 Punkt. Insgesamt also 12 Punkte. Für jeden falsch genannten Fluss wird 1 Punkt abgezogen.

123 : Für jede korrekte Kubikzahl gibt es 1 Punkt. Insgesamt demnach 10 Punkte. Für jede falsche Kubikzahl wird 1 Punkt abgezogen.

124 a :
0 – 3 Wörter	:	1 Punkt
4 – 6 Wörter	:	2 Punkte
7 – 9 Wörter	:	3 Punkte
>= 10 Wörter	:	4 Punkte

124 b :
0 – 3 Wörter	:	1 Punkt
4 – 6 Wörter	:	2 Punkte
7 – 9 Wörter	:	3 Punkte
>= 10 Wörter	:	4 Punkte

124 c :
0 – 3 Wörter	:	1 Punkt
4 – 6 Wörter	:	2 Punkte
7 – 9 Wörter	:	3 Punkte
>= 10 Wörter	:	4 Punkte

125 : Je richtig markierte Silbe 2 Punkte (Insgesamt 20 Punkte). Für jede falsch markierte Silbe werden 2 Punkte abgezogen.

126 a-j : Je 2 Punkte. (Insgesamt 20 Punkte)

127 : Für das Buchstabenrätsel gibt es – allerdings nur bei vollständig korrekter Lösung 40 Punkte (je Begriff 10 Pkt.)

Wie schon zuvor erwähnt, handelt es sich bei dem hier vorliegenden IQ-Test nicht um einen solchen, der unter wissenschaftlichen Aspekten erstellt wurde, sondern vielmehr um einen solchen, der Ihnen die Gelegenheit geben sollte, möglichst typische Testaufgaben aus klassischen Bereichen (Logik, Sprache, Gedächtnis usw.) trainieren zu können.

Aus diesem Grund wird hier auch bewusst darauf verzichtet, konkrete IQ-Werte zu nennen. Voraussetzung dafür wäre eine wissenschaftlich validierte sowie statistisch-signifikante Kontrollgruppe, die hier jedoch nicht Gegenstand dieses IQ-Tests gewesen ist.

Von daher werden hier absichtlich nur grobe Orientierungsmarken genannt, so dass Sie sich mit anderen Testpersonen, die diesen IQ-Test unter vergleichbaren Bedingungen durchführen, vergleichen können.

Unabhängig davon, wie Ihr konkretes Testergebnis hier ausgefallen ist, sollten Sie bitte niemals vergessen, dass der hier ermittelte Testwert nichts über Ihre Qualitäten als Mensch aussagt. Neben diversen intellektuellen Fähigkeiten, die sich mit klassischen Tests messen lassen, gibt es viele höchst wichtige und wertvolle Werte, die einen Menschen auszeichnen. Bitte vergessen Sie das nicht, falls Ihr Testergebnis hier nicht so gut ausgefallen sein sollte, wie Sie es sich vielleicht erhofft haben.

419 - 497	:	Herausragendes Ergebnis
490 – 504	:	Sehr gutes Ergebnis
440 – 489	:	Ergebnis im oberen Mittelfeld
350 – 439	:	Durchschnittliches Ergebnis
300 – 349	:	Leicht unterdurchschnittliches Ergebnis
220 – 299	:	Ausbaufähiges Ergebnis
170 – 219	:	Relativ schwaches Ergebnis
100 – 169	:	Sehr schwaches Ergebnis
0 – 99	:	Extrem schwaches Ergebnis

Abschließende Empfehlung:

Bitte bedenken Sie, dass sich derartige IQ-Testaufgaben innerhalb eines gewissen Leistungsrahmens trainieren lassen. Je häufiger Sie Testaufgaben solcher Art üben, desto besser werden perspektivisch Ihre Testergebnisse ausfallen.

Von daher sollten Sie Ihr hier ermitteltes Testergebnis bitte nur als eine Momentaufnahme betrachten, die nicht für alle Zeiten „in Stein gemeißelt ist".

Ich wünsche Ihnen viel Freude sowie viel Erfolg bei Ihrem persönlichen IQ-Test!

Düsseldorf, im Herbst 2019

Kontakt zum Autor:

Psychologische Beratung & Lerncoaching, Aribert Böhme
Psychologischer Berater (SGD-Dipl.) & Lerncoaching
DV-Kfm. & EDV-Dozent & Autor
Mitglied im Who-is-Who Deutschland & Europa
E-Mail: Psychologische_Beratung_Boehme@gmx.de
Internet: www.aribertboehme.de

Notizen

Notizen

Buchempfehlungen:

Denkanstöße 2018
52 Denkimpulse für 52 Wochen Deines Lebens
Aribert Böhme
ISBN-13: 9783746027579
Erhältlich als Buch und als eBook.

Gedichte & Interpretationen in Symbiose
Denkimpulse für wachsame Geister
Aribert Böhme & Raimundo Germandi
ISBN-13: 9783752832143
Erhältlich als Buch und als eBook.

Begleitende Videoliste zum Buch:
http://www.aribertboehme.de/Videoliste_2018.pdf

Siehe bitte auch folgende Internetseite:
Raimundo Germandi (Dichter & Denker)
http://raimundo-germandi.de/

Lernpsychologie kompakt
Basiswissen für interessierte Laien
Aribert Böhme
ISBN-13: 9783743196117
Erhältlich als Buch und als eBook.

Kontakt zum Autor:

Psychologische Beratung, Aribert Böhme

Psychologischer Berater (SGD-Dipl.) & Lerncoach

DV-Kfm. & EDV-Dozent & Autor

Mitglied im Who-is-Who Deutschland & Europa

E-Mail: Psychologische_Beratung_Boehme@gmx.de

Internet: www.aribertboehme.de